Titel der Originalausgabe: A First Bible for Children
Copyright © 2018 Anno Domini Publishing
www.ad-publishing.com
Text copyright © 2018 Sally Ann Wright
Illustrations copyright © 2017 Frank Endersby

Publishing Director: Annette Reynolds
Art Director: Gerald Rogers
Pre-production Manager: Doug Hewitt

Für die deutschsprachige Ausgabe:
© Verlag Herder GmbH, Freiburg im Breisgau 2019
Alle Rechte vorbehalten
www.herder.de

Übersetzung: Annette Nau
Gesamtgestaltung: Daniela Schulz, Rheda-Wiedenbrück
Printed and bound in Malaysia

ISBN 978-3-451-71501-3

BIBELGESCHICHTEN
FÜR KINDER

Sally Ann Wright
und Frank Endersby

Aus dem Englischen von
Annette Nau

HERDER
FREIBURG · BASEL · WIEN

Inhalt

Gottes wunderbare Welt

Gott war von Anfang an da. Er
schuf eine wunderbare Welt und
bevölkerte sie mit farbenprächtigen
Fischen und Vögeln. Gott schuf auch
Elefanten mit schlenkernden Rüsseln
und Löwen mit goldenen Mähnen.
Er schuf gepunktete Marienkäfer
und gestreifte Tiger. Zum Schluss
schuf Gott die Menschen. Er wollte,
dass sie seine Freunde würden und
sich um die Erde kümmerten.

Noahs Arche

Noah war Gottes Freund. Er liebte
ihn und hörte auf seine Worte.
Doch die anderen Menschen
auf der Welt waren herzlos und
selbstsüchtig und hatten Spaß
daran, einander wehzutun. Gott
sagte Noah, dass eine große Flut
kommen würde, die die Erde
wieder reinwaschen sollte. Noah
hörte auf Gott. Er baute ein großes
Schiff – eine Arche – und
nahm von allen Tieren je
ein Paar mit hinein. Als die
Flut kam, beschützte
Gott Noah, seine
Familie und die Tiere,
bis das Wasser wieder
zurückging.

Abraham zieht fort

Lange Zeit nach Noah lebte ein Mann
namens Abraham. Auch er hörte
auf Gott. Und Gott sagte ihm: „Ich
will dich segnen und deine Familie
zu einem großen Volk machen.
Aber du musst mir vertrauen und
in ein anderes Land ziehen, in ein
wunderschönes Land mit vielen

Bergen und Flüssen und Nahrung im
Überfluss." Abraham wusste nicht, was
ihn in der Fremde erwartete. Er kannte
das Land nicht, in das er ziehen sollte.
Aber er vertraute Gott und machte sich
auf den Weg. Und Gott segnete ihn.

Jakobs Lieblingssohn

Josef war Abrahams Urgroßenkel und der Lieblingssohn
seines Vaters Jakob. Josef hatte viele Brüder. Aber weil der
Vater Josef am meisten liebte, waren die Brüder eifersüchtig

14

und konnten ihn nicht leiden. Als Josef einen prächtigen Mantel von seinem Vater geschenkt bekam, beschlossen seine Brüder, dass Josef verschwinden musste.

Josef, der Held

Josefs Brüder erzählten ihrem Vater, Josef sei von einem wilden Tier getötet worden. Doch das war gelogen! Die Brüder hatten Josef als Sklaven verkauft. Jahrelang musste Josef im fernen

Ägypten schuften, aber Gott passte immer auf ihn
auf. Der Herrscher von Ägypten war der Pharao. Ihm
gefiel Josef, und er machte ihn zu einem bedeutenden Mann.
Als Josefs Brüder nach Ägypten kamen, weil sie zu Hause nichts
mehr zu essen hatten, half Josef ihnen. Er verzieh ihnen und sagte:
„Bleibt hier in Ägypten. Gott wird für uns sorgen."

Als Sklaven in Ägypten

Josef und seine Brüder holten auch ihren
Vater Jakob zu sich. So lebten Jakob,
seine Kinder, seine Enkel und seine
Urenkel in Ägypten. Nach einiger
Zeit starb Jakob. Dann starb Josef –
und auch der Pharao starb. Neue
Herrscher kamen und gingen,
und die Nachkommen Abrahams
wurden immer mehr. Eines Tages
fiel einem neuen Pharao auf,
wie viele sie geworden waren.
Viel zu viele! Und er traute den
Israeliten, wie er sie nannte, nicht.
Deshalb machte er sie alle zu
Sklaven und ließ sie für sich
arbeiten.

Das Baby im Körbchen

Das Volk der Israeliten wurde immer stärker, ganz gleich, was der neue Pharao auch dagegen unternahm. Aus Angst vor ihnen befahl er seinen Soldaten, alle neugeborenen Jungen der Israeliten in den Nil zu werfen. Eine Mutter hatte Angst, dass die Soldaten ihren kleinen Sohn töten würden. Deshalb flocht

sie einen Korb, um ihr Baby darin am Flussufer zu verstecken. Sie war sicher, dass Gott das Kind beschützen würde. Mirjam beobachtete, wie die Tochter des Pharaos ihren kleinen Bruder fand. Da wusste sie, dass ihm nichts geschehen würde.

Mose und der Pharao

Mirjams kleiner Bruder hieß Mose. Er wuchs im Palast des Pharaos auf, aber er vergaß nie, woher er stammte. Es machte ihn wütend, dass die Ägypter die Israeliten so schlecht behandelten. Eines Tages befahl ihm Gott, zum Pharao zu gehen und zu sagen: „Gott will, dass du sein Volk ziehen lässt!" Mose hatte große Angst.

Aber schließlich ging er doch zusammen mit seinem großen Bruder Aaron zum Pharao. „Ich kenne euren Gott nicht", antwortete der. „Ich werde sein Volk nicht ziehen lassen."

Zehn schreckliche Plagen

Da passierten schreckliche Dinge in Ägypten. Überall waren
Frösche und Fliegen, die entsetzlich summten und stachen.
Die Tiere starben, die Menschen wurden krank und ihre Ernten
vernichtet. Nach jeder neuen Plage ging Mose zum Pharao und
überbrachte ihm Gottes Botschaft: „Lass mein Volk ziehen!"

Jedes Mal stimmte der Pharao zu, doch sobald die Plage vorbei war, änderte er seine Meinung. Nach der zehnten Plage sagte der König endlich zu Mose: „Dann nimm das Volk deines Gottes. Es soll gehen und mit seinem ganzen Besitz mein Land verlassen."

Der Weg durch das Rote Meer

Mose führte das Volk an – Tausende Menschen mit ihren Schafen, Ziegen und Eseln. Doch als sie das Rote Meer erreichten, sahen sie, dass der Pharao seine Streitwagen hinter ihnen herschickte. Vor ihnen lag das Meer, hinter ihnen nahten die Streitwagen!

„Vertraut auf Gott!", sagte Mose. Er hielt seinen Stab über das Wasser – und das Meer teilte sich, sodass die Israeliten es durchqueren konnten.

Die Wanderung durch die Wüste

Endlich war Gottes Volk frei. Die Israeliten waren nicht länger Sklaven in Ägypten. Mose führte sie durch die Wüste, um sie in das Land zurückzubringen, das Gott einst Abraham gegeben hatte. Wenn sie durstig waren, ließ Gott Wasser aus einem Felsen

sprudeln, wenn sie hungrig waren, gab er
ihnen Wachteln zu essen und Brot, das so süß
schmeckte wie Honig.

Mose auf dem Berg

Eines Tages stieg Mose auf einen Berg. Auf dem Gipfel des Berges gab Gott Mose zehn Gebote. An diese Gebote sollte sich das Volk halten, dann würde es ihm gut ergehen. Gott sagte: „Nur an mich allein sollt ihr glauben und keine anderen Götter haben. Ihr sollt meinen Namen nicht sinnlos gebrauchen und den siebten Tag der Woche heilig halten. Ihr sollt Mutter und Vater ehren. Ihr sollt nicht töten und nicht stehlen. Ihr sollt nicht lügen, um anderen zu schaden, und ihr sollt zufrieden sein mit dem, was ihr habt, anstatt immer das zu wollen, was anderen gehört."

Kundschafter im Land

Als die Israeliten den Jordan erreichten, schickte Mose zwölf Spione in das Land am anderen Flussufer. Sie sollten herausfinden, ob das Volk dort freundlich und der Boden fruchtbar war. Josua und Kaleb kehrten zurück und berichteten, dass Gott ihnen ein wunderbares Land gegeben hatte, in dem sie nie Hunger leiden müssten. Die anderen zehn Kundschafter aber hatten Angst vor den kämpferischen Leuten, die dort lebten.

Josua führt das Volk an

Mose war sehr alt geworden. Er starb,
bevor das Volk in das Land ziehen
konnte, das Gott ihnen versprochen
hatte. Gott bestimmte Josua als
nächsten Anführer. „Hab keine Angst",
sagte Gott zu Josua. „Sei stark und
mutig. Ich werde immer da sein, um dir
zu helfen."

Rahab versteckt die Kundschafter

Bevor Josua mit dem Volk den Jordan überquerte, schickte er zwei Männer in die Stadt Jericho. Die beiden übernachteten bei einer Frau namens Rahab. Als Soldaten an die Tür klopften, versteckte

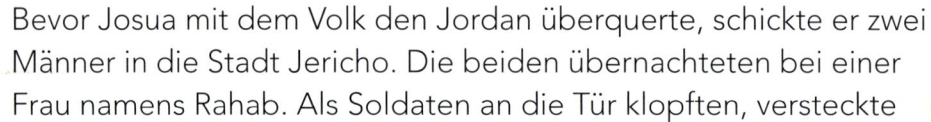

Rahab sie. Nachdem die Soldaten wieder fort waren, sagte sie zu den Kundschaftern: „Jeder weiß, dass euer Gott den Himmel und die Erde gemacht hat. Wir wissen, dass er euch helfen wird, die Stadt zu erobern, so wie er euch aus Ägypten herausgeführt hat."

Die Mauern von Jericho

Als Josua hörte, dass die Bewohner von Jericho
schon jetzt Angst vor ihnen hatten, beschloss er, mit
dem Volk den Jordan zu überqueren. Auch dieses
Mal teilte Gott das Wasser, sodass alle sicher ans
andere Ufer kamen. Dann führte Josua seine Krieger
und Priester, die in ihre Widderhörner bliesen, immer
wieder um die mächtigen Stadtmauern herum. Als
die Widderhörner zum siebten Mal ertönten, stieß
das Volk ein wildes Kriegsgeschrei aus. Da fielen die
Mauern von Jericho in sich zusammen. Das Land
gehörte den Israeliten.

Gideon und der Engel

Lange Zeit nach Josua lebte ein Mann namens Gideon. Gideon hatte häufig erlebt, dass die Gegner der Israeliten ihre Ernte zerstörten und ihr Getreide stahlen. Darum hatte er sich ein Versteck gesucht, in dem er ungesehen den Weizen dreschen konnte. Während er arbeitete, erschien ihm plötzlich ein Engel. „Gott hat dich auserwählt, Gideon", sagte der Engel. „Er möchte, dass du seinem Volk hilfst." Gideon glaubte dem Engel nicht. „Aber ich bin ein Niemand", sagte er. „Keiner hört auf mich. Ich brauche ein Zeichen, damit ich mir sicher sein kann."

Ein Zeichen für Gideon

Gideon bat Gott, ihm ein Zeichen zu geben. „Diese Wolle hier soll morgen früh nass sein, der Boden daneben aber trocken", betete er.

Als genau das geschah, betete Gideon wieder: „Dieses Mal soll die Wolle trocken bleiben, der Boden aber nass sein." Gott erhörte sein Gebet. Da glaubte Gideon, dass Gott ihm helfen würde, und war bereit, alles zu tun, was er von ihm verlangte.

Gott ruft Samuel

Samuel war noch sehr jung, als er anfing, im Tempel zu arbeiten. Er half Eli, dem Priester, und lernte, auf Gottes Wort zu hören. Eines Nachts vernahm er eine Stimme, die seinen Namen rief. „Hier bin ich", sagte Samuel, der dachte, Eli hätte ihn gerufen. Aber Eli sagte: „Ich habe dich nicht gerufen." Und er schickte ihn zurück ins Bett. Wieder hörte Samuel seinen Namen und ging zu Eli. Als es das dritte Mal geschah, sagte Eli zu Samuel: „Es ist Gott, der dich ruft, Samuel. Hör auf ihn und tu alles, was er dir sagt."

Der erste König Israels

Samuel half dem Volk, auf
Gottes Wort zu hören. Er war
es auch, der Saul zum ersten König
Israels salbte. Doch Saul war kein guter König. Deshalb wollte
Gott, dass Samuel einen Nachfolger für ihn suchte. „Geh zu Isai",
sagte er, „und schau dir seine Söhne an." Samuel traf sieben von
Isais Söhnen. Sie waren alle groß, stark und gut aussehend. Doch

keiner von ihnen war der von Gott auserwählte König. „Du achtest nur auf ihr Äußeres", sagte Gott. „Ich aber sehe in ihre Herzen." Als Samuel schließlich David, den jüngsten Sohn, kennenlernte, sagte Gott ihm, dass er der Richtige sei.

David und Goliath

König Saul und seine
Soldaten hatten Angst.
Jeden Tag forderte
Goliath, ein riesiger
Mann, sie auf, gegen ihn
zu kämpfen. „Ich werde
es tun", sagte David.
Doch weder die Rüstung
noch das Schwert des
Königs konnte er tragen
– sie waren viel zu groß
und zu schwer. Da sagte er:
„Gott hat mich vor den Löwen und Bären
beschützt, als ich die Schafe meines Vaters
gehütet habe. Gott wird mich auch jetzt
beschützen." So kämpfte David nur mit
seiner Steinschleuder. Und als er damit auf
Goliath schoss, fiel der Riese tot zu Boden.

Raben versorgen Elia

Elia hatte nichts zu essen und nichts zu trinken. „Ich werde dir zeigen, wohin du gehen musst", sagte Gott. Er führte Elia zu einem kleinen Bach. Elia trank das klare Wasser und war nicht mehr durstig. Gott schickte Raben, die Elia jeden Tag etwas zu essen brachten. Elia aß und war nicht mehr hungrig. „Danke, Gott, dass du für mich sorgst", sagte Elia.

Ein kleiner Tropfen Öl

Als der Bach austrocknete, schickte Gott
Elia in eine Stadt, wo er eine gutherzige
Frau traf. „Teilst du dein Brot mit mir?",
fragte Elia. „Ich habe selbst kaum noch
etwas zu essen", sagte sie. „Ich werde mit
meinem letzten Tropfen Öl und meinem
letzten bisschen Mehl Brot backen – und
wenn das aufgegessen ist, dann werden
mein Sohn und ich sterben." Aber die
Frau teilte das Brot mit Elia. Von nun an
gab es immer einen Tropfen Öl im Krug.
Und es war immer ein wenig Mehl da, um
neues Brot zu backen.

Gottes sanfte Stimme

Der König hasste Elia, und die Königin wollte ihn sogar töten.
Elia hatte Angst. Er fühlte sich völlig allein. Deshalb ging er fort.
Er stieg auf einen Berg und versteckte sich in einer Höhle. Gott
sagte zu Elia: „Stell dich vor die Höhle. Ich werde zu dir kommen."
Elia gehorchte. Als er nun vor die Höhle trat, hörte er einen

brausenden Wind – aber Gott war nicht im Wind. Dann bebte die
Erde und schließlich tobte ein Feuer – aber Gott war weder im
Erdbeben noch im Feuer. Als Gott kam, kam er mit einem sanften
Säuseln. Und er tröstete Elia.

Jona läuft weg

Jona wollte nicht auf Gott hören. Er lief davon und nahm ein Schiff, um weit weg zu fahren. Aber Gott schickte einen mächtigen Sturm. Da warfen die Seeleute Jona über Bord, um den Sturm zu beruhigen. Gott sandte einen großen Fisch, der Jona verschluckte.

Drei Tage und Nächte
war Jona im Bauch
des Fisches. Er betete
zu Gott um Hilfe.
Daraufhin spuckte der
Fisch ihn ans Ufer – und
Jona tat, was Gott von
ihm verlangte.

Daniel und die Löwen

Daniel liebte Gott und betete jeden Tag zu ihm. Er hörte auch nicht auf, als ein Gesetz es verbot: Alle Leute durften nur noch den König verehren, sonst würden sie den Löwen zum Fraß vorgeworfen werden. Als Daniel in die Löwengrube geworfen wurde, beschützte ihn Gott. Er verschloss den Löwen das Maul, sodass ihm nichts passierte.

Marias Kind

Ein Engel kam zu Maria und sagte ihr, dass sie ein ganz besonderes Kind zur Welt bringen würde: Gottes Sohn. Maria ging mit Josef nach Bethlehem, und als das Kind geboren wurde, nannten sie es Jesus. Maria legte es in

eine Futterkrippe, weil in der Herberge kein Platz für sie war. Bald darauf kamen Hirten, um das Kind anzubeten. Denn Engel waren zu ihnen gekommen und hatten gesagt: „Der kleine Jesus ist der Retter der Welt."

Jesus, der kleine König

Zu der Zeit, als Jesus geboren wurde, erschien ein neuer Stern am Himmel. Weise Männer aus dem Morgenland sahen in dem Stern ein Zeichen dafür, dass der künftige König des jüdischen Volks zur Welt gekommen war. Deshalb folgten sie dem Stern, um das neugeborene Kind zu suchen. Sie brachten Geschenke mit, und als sie Jesus in Bethlehem fanden, knieten sie vor ihm nieder und beteten ihn an.

Jesus wird getauft

Als Jesus herangewachsen
war, ging er zum Jordan.
Dort lebte Johannes und
taufte die Menschen,
die zu ihm kamen. „Ich
möchte von dir getauft
werden", sagte Jesus.

Aber Johannes sagte: „Das kann ich nicht. Du bist der Auserwählte, den Gott uns gesandt hat. Du solltest derjenige sein, der mich tauft." Doch Jesus war überzeugt, dass Gott sich freuen würde. Und als er wieder aus dem Wasser stieg, hörten alle Gottes Stimme: „Dies ist mein Sohn, den ich liebe."

Die ersten Jünger

Jesus lebte am See Genezareth. Eines Tages bat er Petrus, mit seinem Boot auf den See hinauszufahren, um dort zu fischen. Petrus und sein Bruder Andreas hatten bereits die ganze Nacht gefischt, ohne etwas zu fangen. Doch als sie mit Jesus hinausfuhren, füllten sich ihre Netze mit so vielen Fischen, dass sie beinahe zerrissen. Dann bat Jesus die beiden Brüder und ihre Freunde Jakobus und Johannes, mit ihm zu kommen und seine

Freunde zu werden. Sie waren die
ersten von zwölf Jüngern, die mit Jesus
umherzogen, ihm zuhörten, sahen, was
er vollbrachte, und von ihm lernten.

Der Mann, der nicht gehen konnte

Jesus sagte den Menschen: „Gott liebt euch." Er
heilte Leute, die blind oder taub waren oder nicht
gehen konnten. Einmal brachten vier Männer ihren
Freund zu Jesus. Sie ließen ihn an Seilen durch das
Dach eines Hauses zu Jesus hinab, damit er ihm
helfen konnte. An diesem Tag konnte der Mann auf
seinen eigenen Beinen nach Hause gehen, weil Jesus
ihn geheilt hatte.

Jesus besänftigt den Sturm

Jesus fuhr mit seinen Freunden im Boot über den See. Er hatte viele Menschen geheilt und war so müde, dass er einschlief. Doch plötzlich zog ein gewaltiger Sturm auf, und das Boot wurde von hohen Wellen hin- und hergeworfen. „Hilf uns!", schrien die Jünger. Sie hatten furchtbare Angst. Jesus sprach zum Wind und zu den Wellen, und der Sturm legte sich, bis alles wieder ruhig war.

Brot für alle

Die Menschen folgten Jesus
überallhin. Sie wollten hören,
was er ihnen von Gott erzählte.
Nach einiger Zeit sah Jesus, dass
die Menschen Hunger hatten.
Er wollte ihnen zu essen geben.
Ein Junge brachte ihm etwas
Brot und ein paar Fische – seinen
eigenen Proviant. Jesus dankte
Gott und teilte das Essen aus.
Und über fünftausend Menschen
wurden satt davon.

Das Geheimnis des Glücks

„Gott segnet jene, die nicht zu stolz sind, ihn um Hilfe zu bitten", sagte Jesus. „Gott segnet jene, die traurig sind. Er ist freundlich zu jenen, die freundlich zu anderen sind. Liebt einander und seid nett zu anderen – selbst wenn sie nicht nett zu euch sind. Vergebt ihnen, wenn sie euch verletzen. Behandelt sie so, wie ihr selbst behandelt werden möchtet", sagte er. „Liebt eure Feinde und betet für sie. Das ist das Geheimnis des Glücks."

Wie sollen wir beten?

Als die Menschen Jesus fragten, wie sie beten sollten, sagte Jesus: „Sprecht mit Gott wie mit einem guten Vater, denn er ist euer Vater im Himmel. Ihr braucht nicht viele Worte zu machen. Erzählt ihm einfach, wie es euch geht, und bittet ihn um seine Hilfe. Gott ist freundlich und gütig. Seid ehrlich zu ihm, und er wird euch segnen und euch alles geben, was ihr braucht."

Das verlorene Schaf

Jesus erzählte: „Stellt euch vor, ihr wärt ein Schäfer mit hundert Schafen. Eines Tages merkt ihr, dass ein Schäfchen fehlt. Was macht ihr?

Ihr sucht überall, bis ihr das verlorene Schaf findet, denn jedes eurer Schafe ist etwas ganz Besonderes für euch. Gott liebt euch genau so, wie dieser gute Hirte seine Schafe liebt."

79

Der barmherzige Samariter

Eine andere Geschichte, die Jesus erzählte, handelt davon, dass wir freundlich zu allen sein sollen, die unsere Hilfe benötigen. Der Mann in der Geschichte wird der „barmherzige Samariter" genannt. Er half einem Fremden, der von Räubern überfallen und niedergeschlagen worden war. Alle anderen, die vorbeikamen, blieben nicht stehen, obwohl sie sich für besonders gut hielten. „Seid wie der barmherzige Samariter", sagte Jesus. „Gott möchte, dass ihr euch ebenso verhaltet."

Der Schatz im Himmel

„Einmal fiel die Ernte eines Bauern so gut aus, dass er größere Scheunen baute, um alles unterzubringen", erzählte Jesus. „Er hatte vor, mit dem, was er eingelagert hatte, ein gutes Leben zu führen. Doch in der Nacht starb der Bauer. Seine Reichtümer

nutzten ihm nun gar nichts mehr. Deshalb sage ich euch: Seid nicht habgierig. Teilt euren Besitz mit den Armen. Häuft eure Schätze lieber im Himmel an, wo sie nicht von Motten zerfressen oder von Dieben gestohlen werden können."

„Lasst die Kinder zu mir kommen …"

Jesus hatte für jeden Zeit – ganz besonders für Kinder. Einmal
wollten die Jünger die Kinder wegschicken. Jesus sei zu
beschäftigt, sagten sie. Doch Jesus hieß die Kinder willkommen
und sagte: „Für Gott ist jeder Mensch etwas ganz Besonderes.
Gott freut sich, wenn wir all unsere Sorge vor ihn bringen. Jeder
Einzelne ist Gott wichtig, jeder Einzelne wird von ihm geliebt."

85

Der kleine Mann

Niemand konnte Zachäus leiden, weil er ein Betrüger war. Als Zachäus hörte, dass Jesus in die Stadt kam, wollte er ihn unbedingt treffen. Doch weil er so klein war, konnte er Jesus nicht sehen, zu viele Menschen standen vor ihm. Deshalb kletterte er auf

einen Baum. Jetzt konnte er ihn sehen – und Jesus
freute sich, Zachäus kennenzulernen. „Ich werde
niemanden mehr betrügen", versprach Zachäus.
„Ich zahle alles, was ich genommen habe, zurück,
und alles, was ich habe, teile ich mit den Armen."
Jesus freute sich darüber. „Ich bin gekommen, um
Menschen wie Zachäus zu helfen", sagte er.

Der blinde Bettler

Bartimäus konnte nicht sehen. Deshalb saß
er vor der Stadtmauer und bettelte, damit
er sich etwas zu essen kaufen konnte. Als er
hörte, dass Jesus vorbeikommen sollte, wurde
er sehr aufgeregt. Vielleicht würde Jesus
ihm helfen. Und das tat er auch! Jesus heilte
Bartimäus' Augen. Endlich konnte Bartimäus
sehen! Von da an folgte er Jesus und erzählte
allen, was dieser für ihn getan hatte.

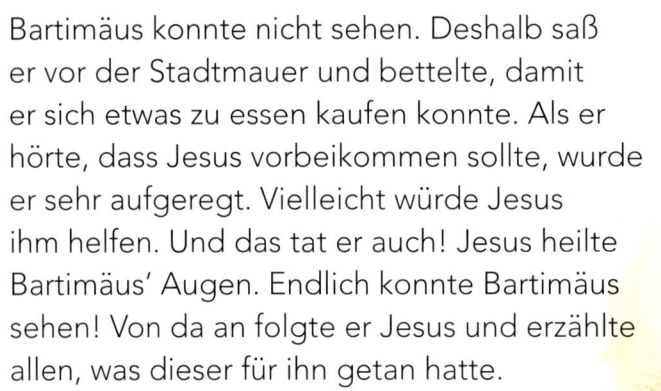

89

Der Ritt auf dem Esel

Jesus ritt auf einem Esel in Jerusalem ein. Viele Menschen liebten Jesus. Sie jubelten ihm zu und breiteten Palmwedel vor ihm aus. „Hosianna, gelobt sei Jesus, unser König!", riefen sie. Aber nicht alle waren glücklich. Ein paar Leute waren neidisch auf ihn und fingen an, finstere Pläne zu schmieden. Judas, einer der Jünger, beschloss, ihnen zu helfen. Sie gaben ihm Geld, damit er ihnen sagte, wo sie Jesus alleine antreffen konnten.

Der König als Diener

Jesus traf sich mit seinen Freunden, um mit ihnen zu Abend zu essen. Doch zuerst wusch er ihnen die staubigen Füße.

„Das ist die Aufgabe eines Dieners", sagte Petrus. „Du solltest das nicht tun." Aber Jesus hörte nicht auf ihn. „Ich will euch damit deutlich machen, dass ihr füreinander sorgen sollt. Niemand ist zu vornehm für eine solche Aufgabe. Auf diese Weise können wir anderen zeigen, wie sehr wir sie lieben."

Das letzte Abendmahl

„Dies ist das letzte Mal, dass wir zusammen essen",
sagte Jesus. „Bald werde ich von euch genommen.
Ich werde euch verlassen, um einen Platz im Himmel
für euch vorzubereiten. Jeder von euch ist dort
willkommen." Jesus teilte das Brot mit den Jüngern.
Dann teilte er einen Kelch Wein mit ihnen. „Esst dieses
Brot – es ist mein Leib. Trinkt diesen Wein – er ist
mein Blut." Doch wo war Judas? Er war in die Nacht
hinausgegangen.

Im Garten Getsemani

Sie gingen gemeinsam in einen Olivengarten.
Jesus betete, dass Gott ihm helfen möge,
tapfer zu sein. Er wusste, dass schlimme Dinge
geschehen würden. Dann kam Judas, der früher
zu seinen Freunden gehört hatte, mit Fackeln

durch die Dunkelheit. Bei ihm waren Männer mit
Schwertern und Keulen. Sie verhafteten Jesus und
führten ihn ab. Die übrigen Freunde Jesu hatten solche
Angst, dass sie davonliefen und sich versteckten.

Jesus stirbt am Kreuz

Die Jünger Jesu konnten kaum
glauben, was als Nächstes
geschah: Ihr Freund Jesus wurde
ausgepeitscht und gezwungen,
ein Kreuz auf einen Hügel vor
der Stadt zu schleppen. Dort
wurde er mit Nägeln an das
Kreuz geschlagen und starb
zwischen zwei Dieben. Seine
Freunde nahmen den Leichnam
vom Kreuz und legten ihn in
eine Felsenhöhle. Den Eingang
verschlossen sie mit einem
schweren Stein.

Jesus lebt!

Maria Magdalena ging mit zwei anderen Frauen zu dem Grab, in dem Jesus lag. Doch als sie dort ankamen, war der schwere Stein vom Eingang weggerollt worden und das Grab war leer. Dann traf Maria Jesus im Garten. Er lebte! „Geh und erzähle allen, dass du mich gesehen hast", trug Jesus ihr auf.

Die verschlossene Tür

Bald darauf besuchte Jesus seine
anderen Freunde. Fast alle hatten sich
versammelt. Die Tür des Raumes hatten

sie verschlossen, weil sie nach dem, was mit Jesus geschehen war, große Angst hatten. Doch plötzlich stand Jesus mitten unter ihnen. Sie aßen zusammen. Sie redeten miteinander. Sie waren glücklich, dass er lebte und wieder bei ihnen war.

Thomas darf Jesus sehen

Thomas war nicht bei den anderen, als Jesus seine Freunde besuchte. „Ich kann es nicht glauben", sagte er zu ihnen. „Wir wissen, dass er gestorben ist. Solange ich Jesus nicht selbst gesehen und die Wunden an seinem Körper gefühlt habe, kann ich nicht glauben, dass er lebt." Doch Jesus kam wieder. Thomas war erstaunt. Aber er sah Jesus tatsächlich mit eigenen Augen – und er sah, dass er lebte.

Begegnung am See

Es war früh am Morgen. Da kam Jesus zu seinen Freunden
und half ihnen, eine Menge Fische zu fangen. Danach saßen
sie am Ufer und aßen miteinander. Jesus versprach ihnen, den
Heiligen Geist zu senden, um ihnen zu helfen, nach Gottes
Willen zu leben. Alle seine Freunde wussten nun, dass Jesus
lebte und er nie wieder sterben würde. Er würde zurück
zu Gott in den Himmel gehen, um dort einen Platz für sie
vorzubereiten.

Jesus kehrt in den Himmel zurück

Vierzig Tage lang kam und ging Jesus. Er erschien kleinen und größeren Gruppen. Alle seine Anhänger wussten, dass sie Jesus gesehen und mit ihm gesprochen hatten. Er lebte. Jesus trug ihnen auf, den Menschen überall zu erzählen, was geschehen war, und ihnen alles beizubringen, was er sie gelehrt hatte. Dann wurde er in den Himmel emporgehoben und verschwand in einer Wolke. Er war zu seinem Vater im Himmel zurückgekehrt.

Der Heilige Geist kommt

Jesu Freunde waren in Jerusalem, als der Heilige Geist zu ihnen kam. Sie vernahmen ein Brausen, das wie ein Sturm klang. Sie sahen etwas, das aussah wie Feuerzungen. Aber anstatt sich zu

fürchten, wussten sie plötzlich, dass sie alles tun konnten, was Gott von ihnen verlangte. Sie wussten, dass er ihnen die Kraft geben würde, ihm zu dienen und anderen Menschen zu helfen.

Der Bettler am Tor

Als Petrus und Johannes zum Tempel kamen, um zu beten, trafen sie am Eingang einen Mann, der nicht gehen konnte. Tag für Tag saß er dort und bettelte um Münzen. „Ich habe leider kein Geld für dich", sagte Petrus, „aber Jesus hat mir die Macht verliehen, dir etwas viel Besseres zu geben. Steh auf und geh umher!" Da merkte der Mann, dass er gehen konnte. Er lief umher und erzählte allen, wie großartig Gott war, der ihn geheilt hatte.

Der Mann in der Kutsche

Auf der Straße nach Gaza traf Philippus einen Mann aus einem fernen Land, der in seiner zweirädrigen Kutsche saß und etwas las. Doch offenbar verstand er nicht, was er las. Der Heilige Geist half Philippus, dem Mann zu erklären, dass

Jesus für ihn am Kreuz gestorben
war. Der Fremde bat Philippus, ihn zu
taufen. Dann kehrte er in sein Land
zurück und erzählte dort allen, was er
über Jesus erfahren hatte.

Paulus trifft Jesus

Paulus war auf dem Weg nach Damaskus. Er war
überzeugt, dass die Christen unrecht hätten.
Deshalb war er auf der Suche nach ihnen, um sie
ins Gefängnis zu werfen. Plötzlich war alles um
ihn herum in ein helles Licht getaucht. Er fiel auf

die Knie und hörte eine Stimme,
die seinen Namen rief. „Ich habe
eine Aufgabe für dich", sprach
Jesus. „Geh in die Stadt, dort
wirst du jemanden treffen, der dir
sagt, was du tun sollst." Paulus
war sehr erstaunt: Er hatte gehört,
wie Jesus zu ihm gesprochen
hatte – der Mann, den er für tot
gehalten hatte. Von diesem Tag
an war Paulus ein neuer Mensch.

Gott spricht zu Petrus

Jesu Freunde waren alle Juden. Sie glaubten, dass nur das jüdische Volk Gott kannte und von ihm auserwählt sei. Aber Gott sprach zu Petrus und sagte ihm, dass es erlaubt sei, auch jene Tiere zu essen, die dem jüdischen Volk seit jeher verboten waren. So zeigte Gott, dass Jesus es allen Menschen ermöglicht hatte, Gott kennenzulernen und Jesu

Freunde zu sein: Frauen und Männer,
Alte und Junge, Juden und Fremde.
Gott wollte, dass alle Menschen
Freundschaft mit ihm schlossen, so wie
ganz am Anfang.

Gott erhört Gebete

Bald schon gab es immer
mehr Christen. Doch sie
waren nicht sicher! Petrus
saß im Gefängnis und war an
zwei Soldaten gekettet. Seine
Freunde beteten, dass
Gott ihn beschützen
möge. In dieser
Nacht erschien ein
Engel in Petrus'
Gefängniszelle.
Die Ketten fielen

von ihm ab, und die Türen
öffneten sich von allein. So
konnte Petrus dem Engel
folgen und das Gefängnis
verlassen. Petrus' Freunde
konnten es kaum fassen. Sie
waren überglücklich, ihn in
Sicherheit zu wissen. Gott
hatte ihre Gebete erhört.

121

Das sinkende Schiff

Paulus reiste an viele Orte, um den Menschen von Jesus erzählen. Aber er saß auch viele Male im Gefängnis. Während er als Gefangener auf einem Schiff nach Rom segelte, geriet das Schiff vor der Küste von Malta in einen Sturm und begann zu sinken. Einige schwammen zum Strand, andere klammerten sich an das Wrack, aber alle Passagiere gelangten sicher ans Ufer.

Gott hatte sie alle gerettet. Als Paulus nach
Rom kam, wohnte er, bewacht von einem
Soldaten, in einem Haus, und verkündete,
was er über Jesus wusste.

Die Botschaft der Liebe

Paulus schrieb viele Briefe an die Christen in anderen Ländern. So wollte er ihnen dabei helfen, Gottes Willen zu tun. Er lehrte sie, dass wir unsere Liebe zu Gott zeigen können, indem wir unsere Mitmenschen lieben: „Die Liebe ist langmütig und gütig. Die Liebe ist nicht habgierig oder hochmütig oder erbittert. Die Liebe denkt immer zuerst an andere. Die Liebe lässt sich nicht zum Zorn reizen, sie trägt Böses nicht nach. Die Liebe hört niemals auf." Heute leben auf der ganzen Erde Menschen, die an Jesus glauben und versuchen, nach seinem Beispiel zu leben.

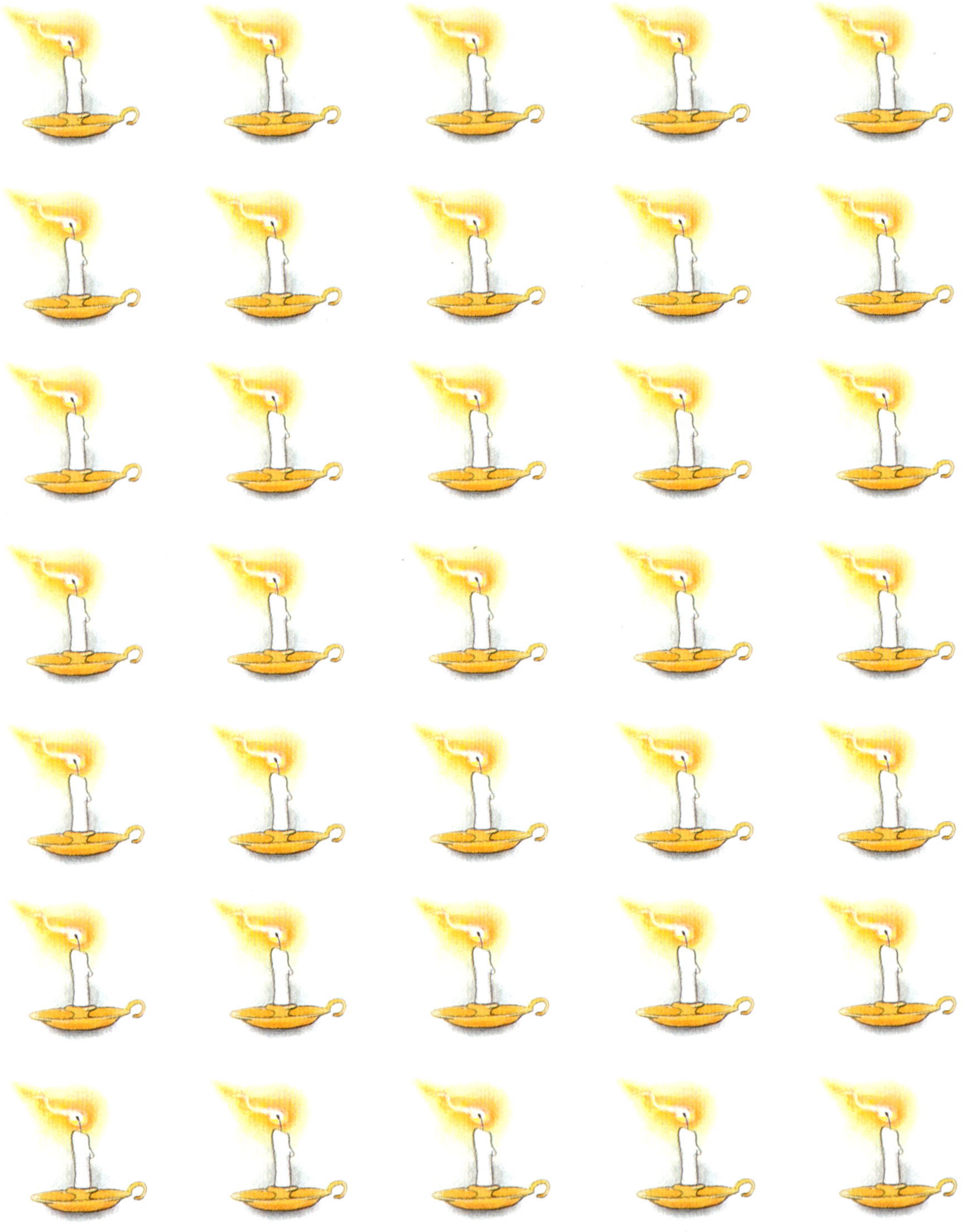